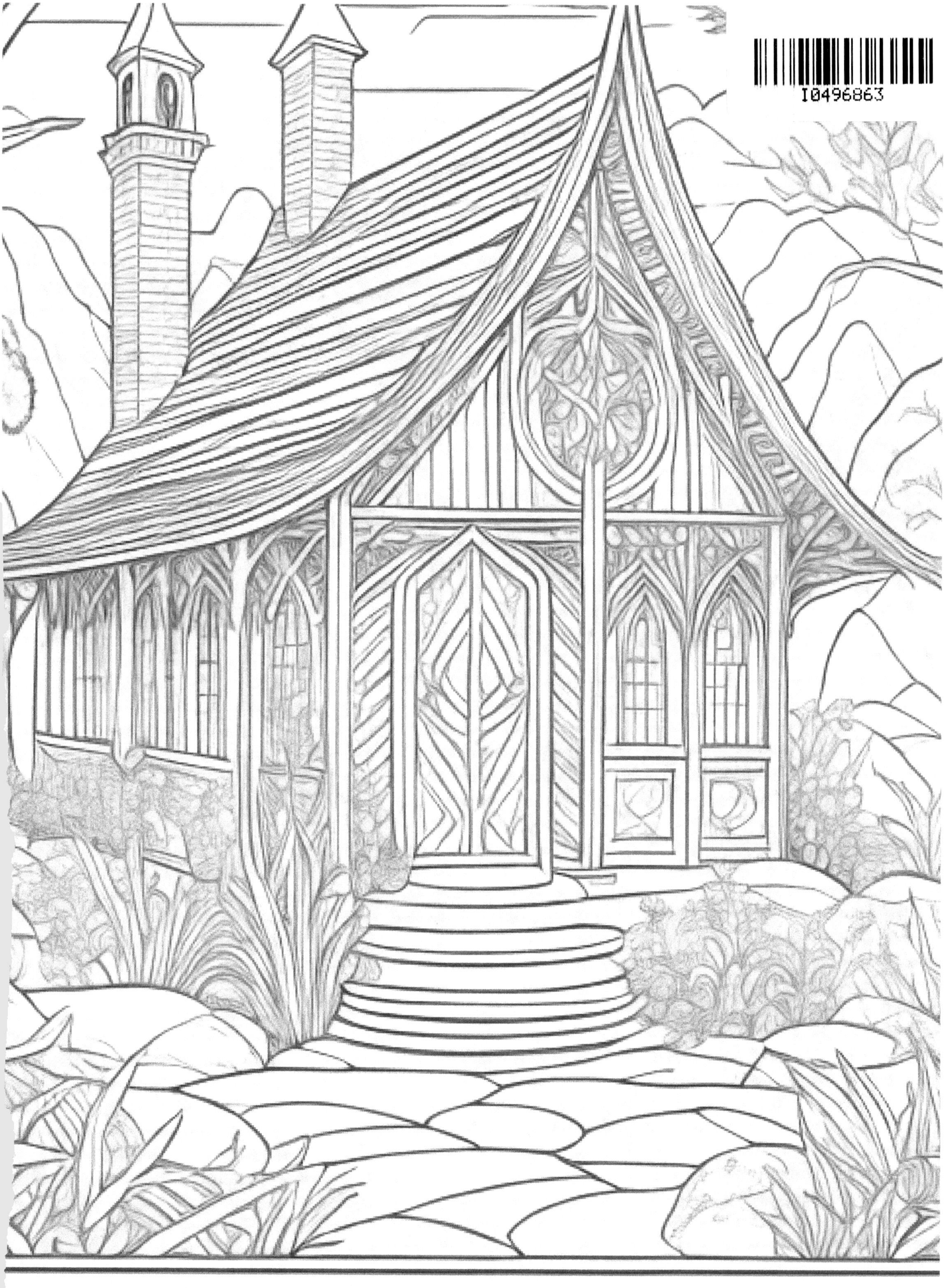

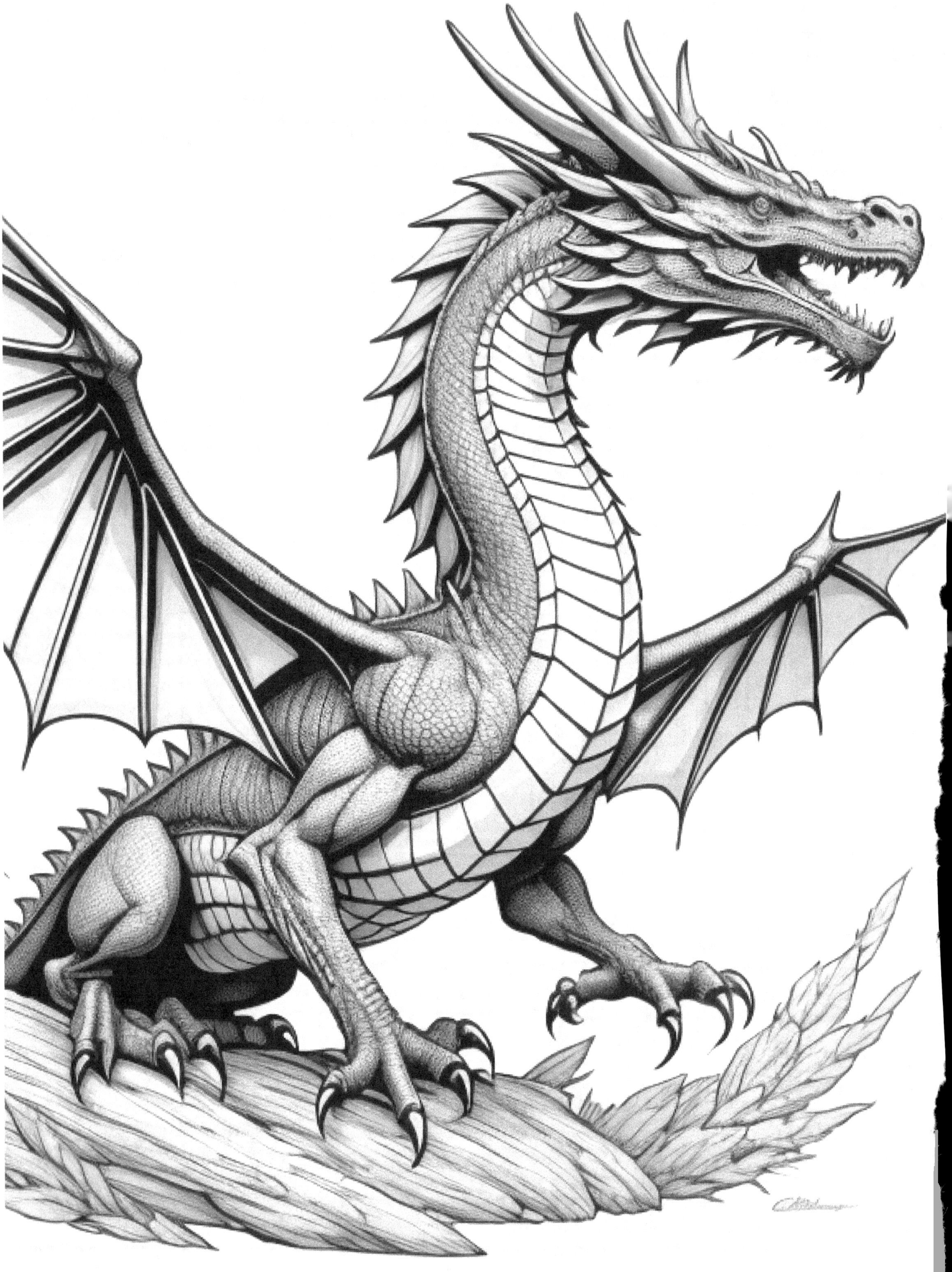

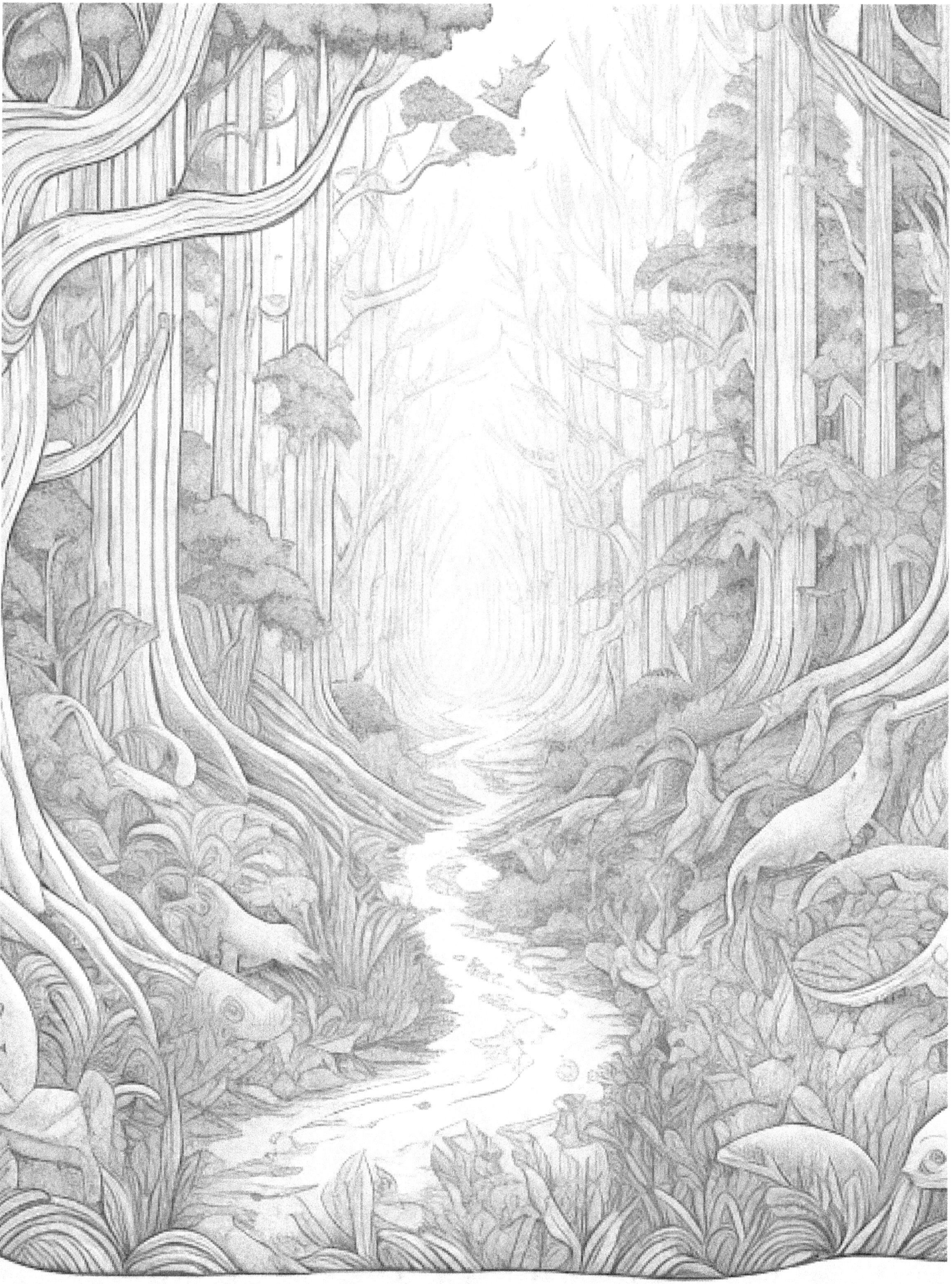

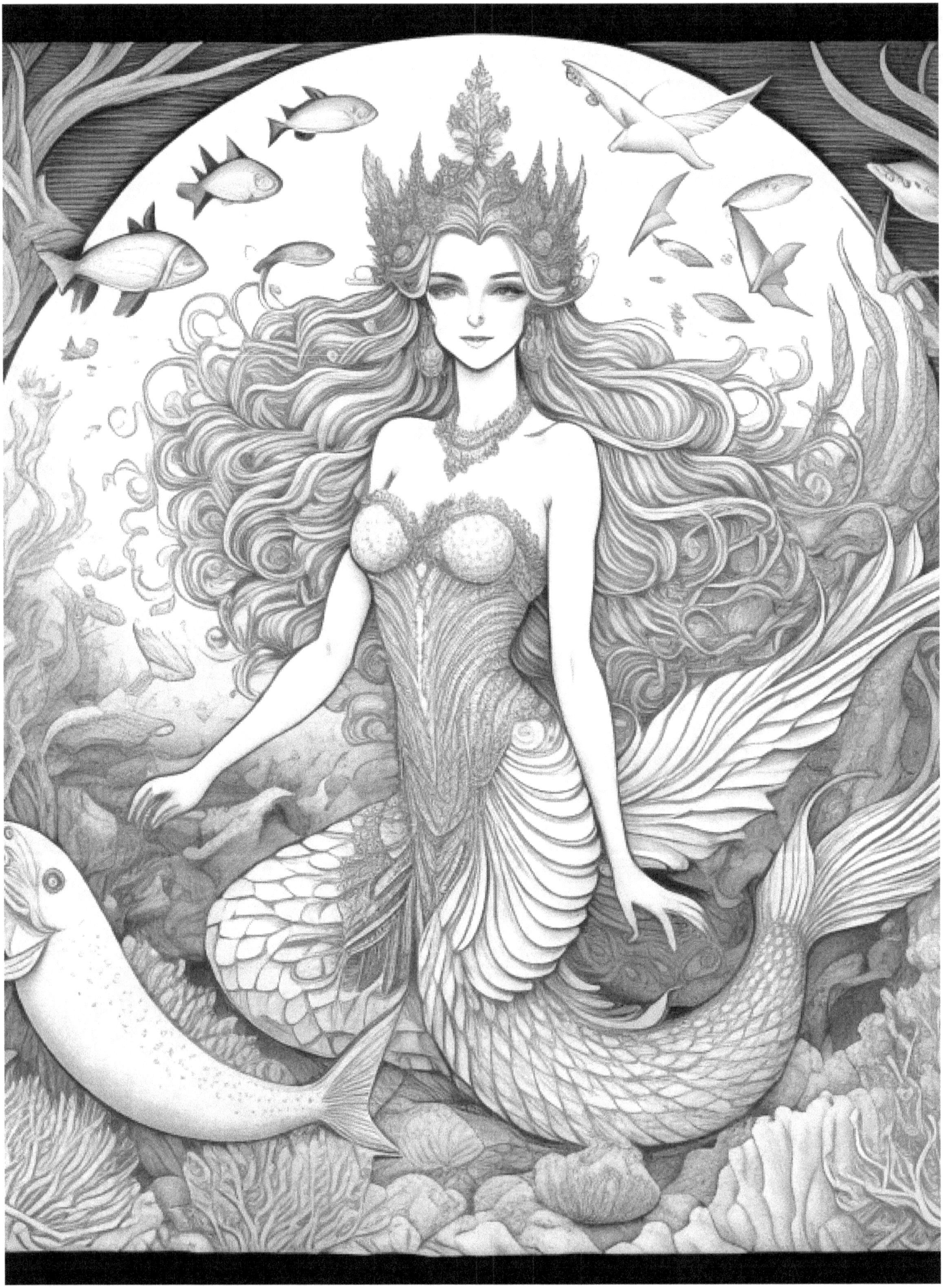

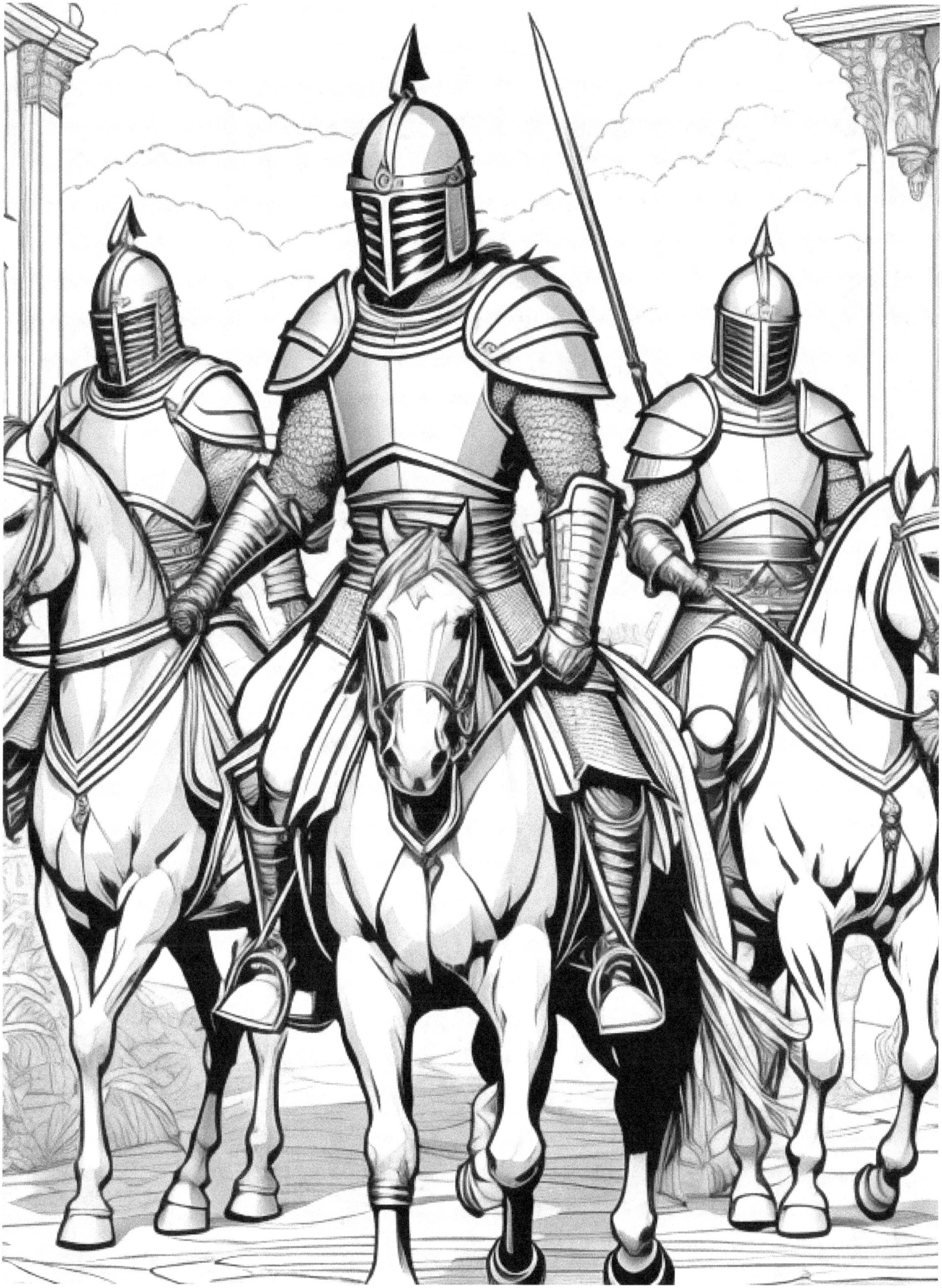

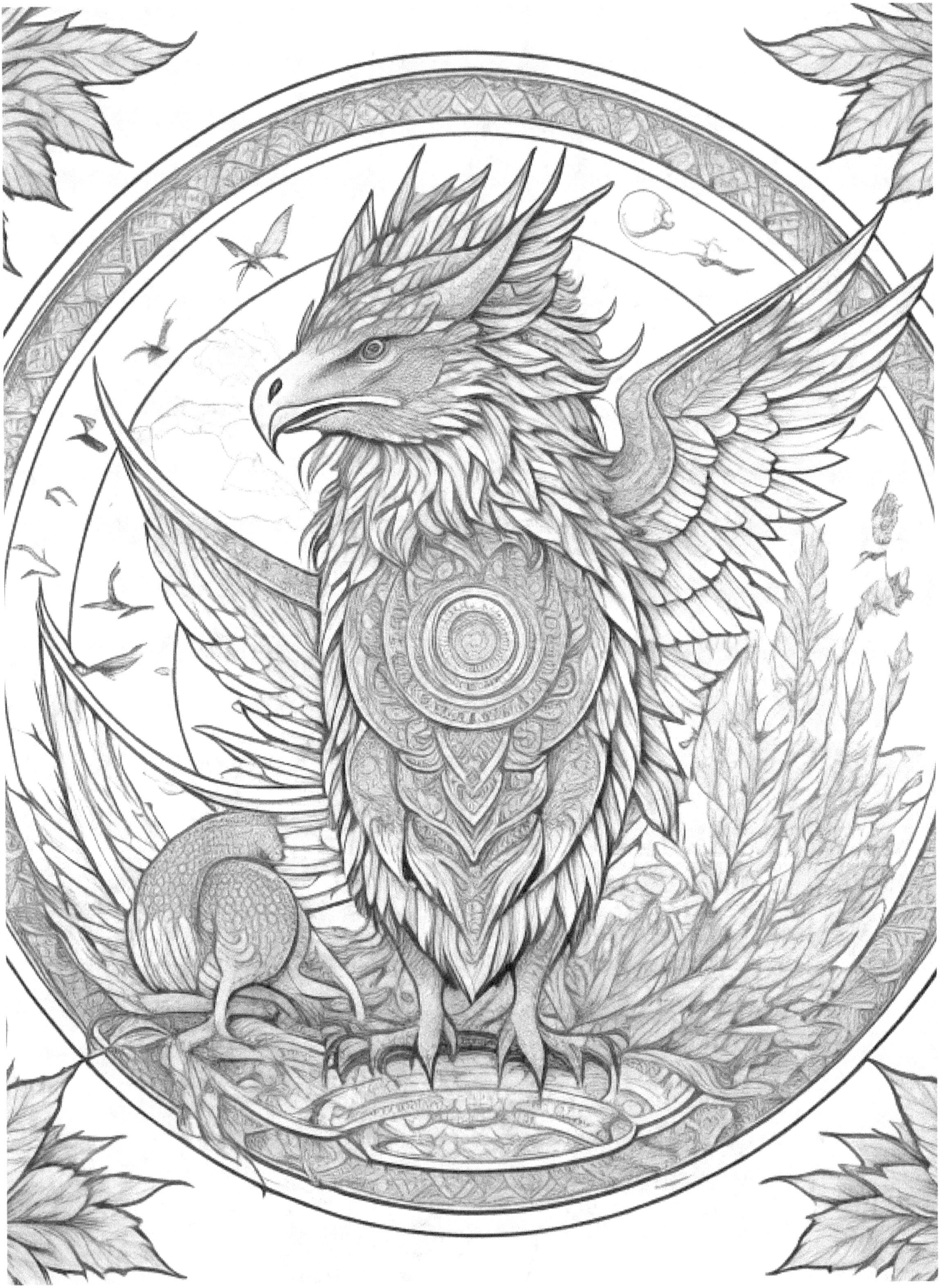

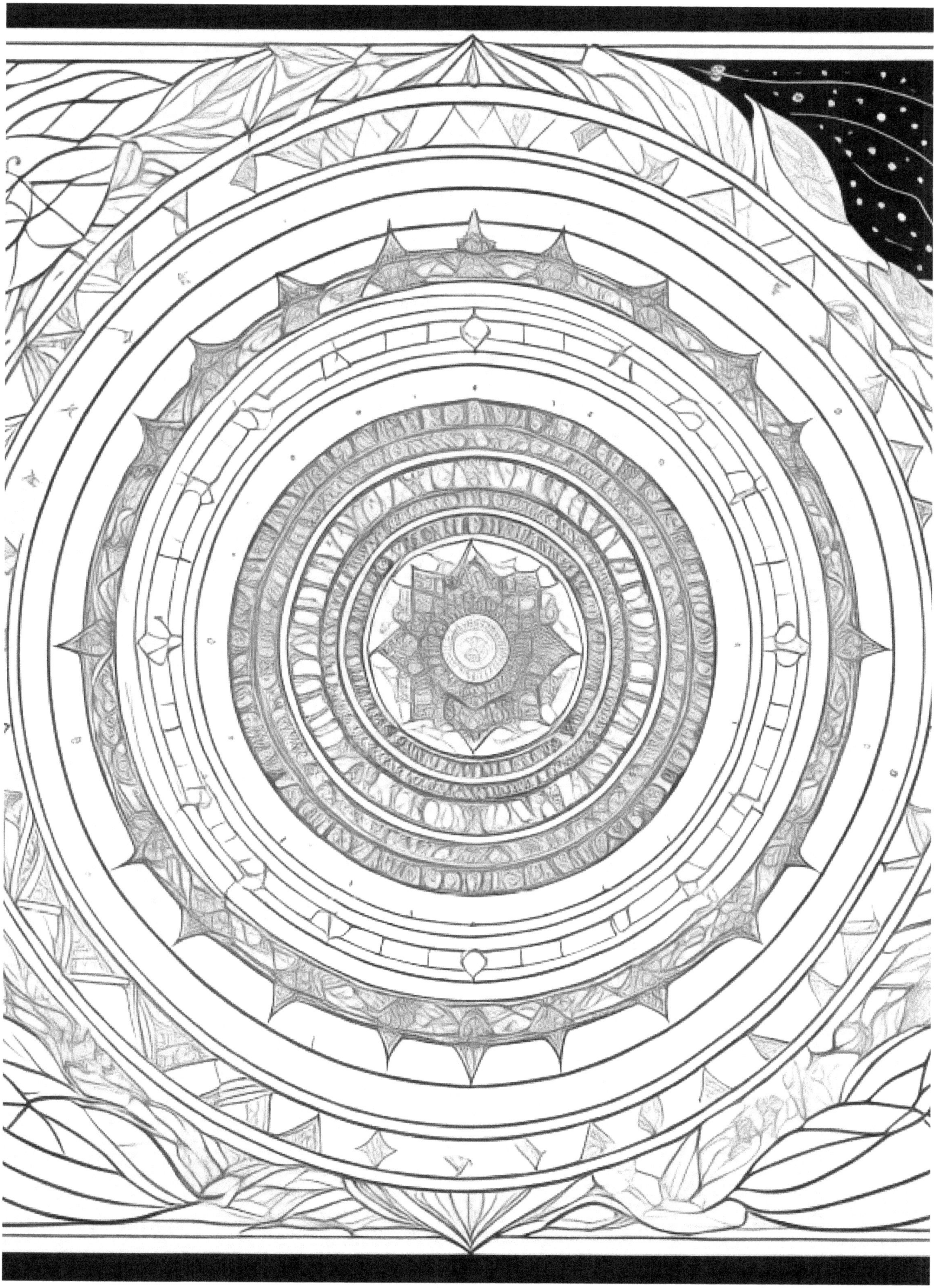

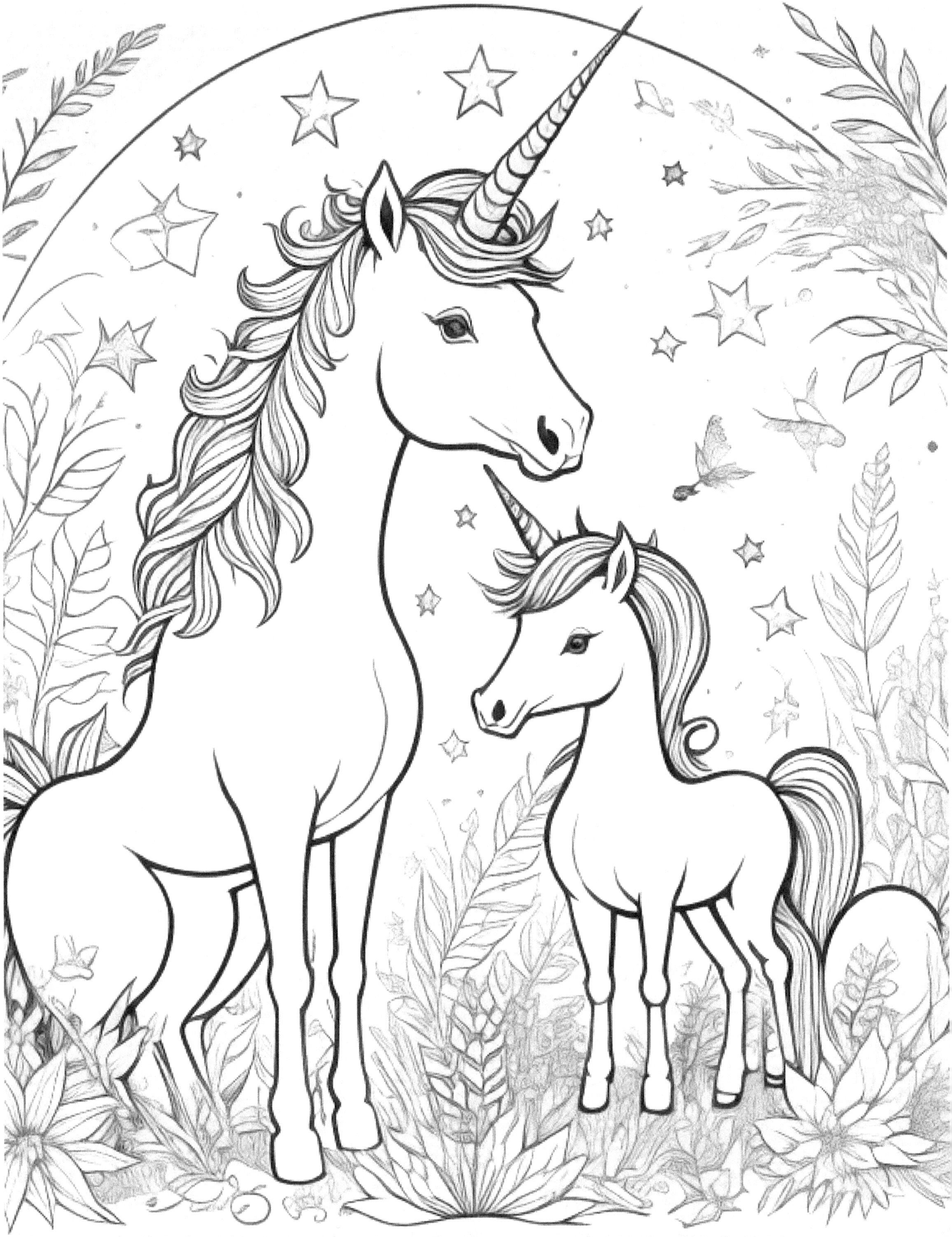

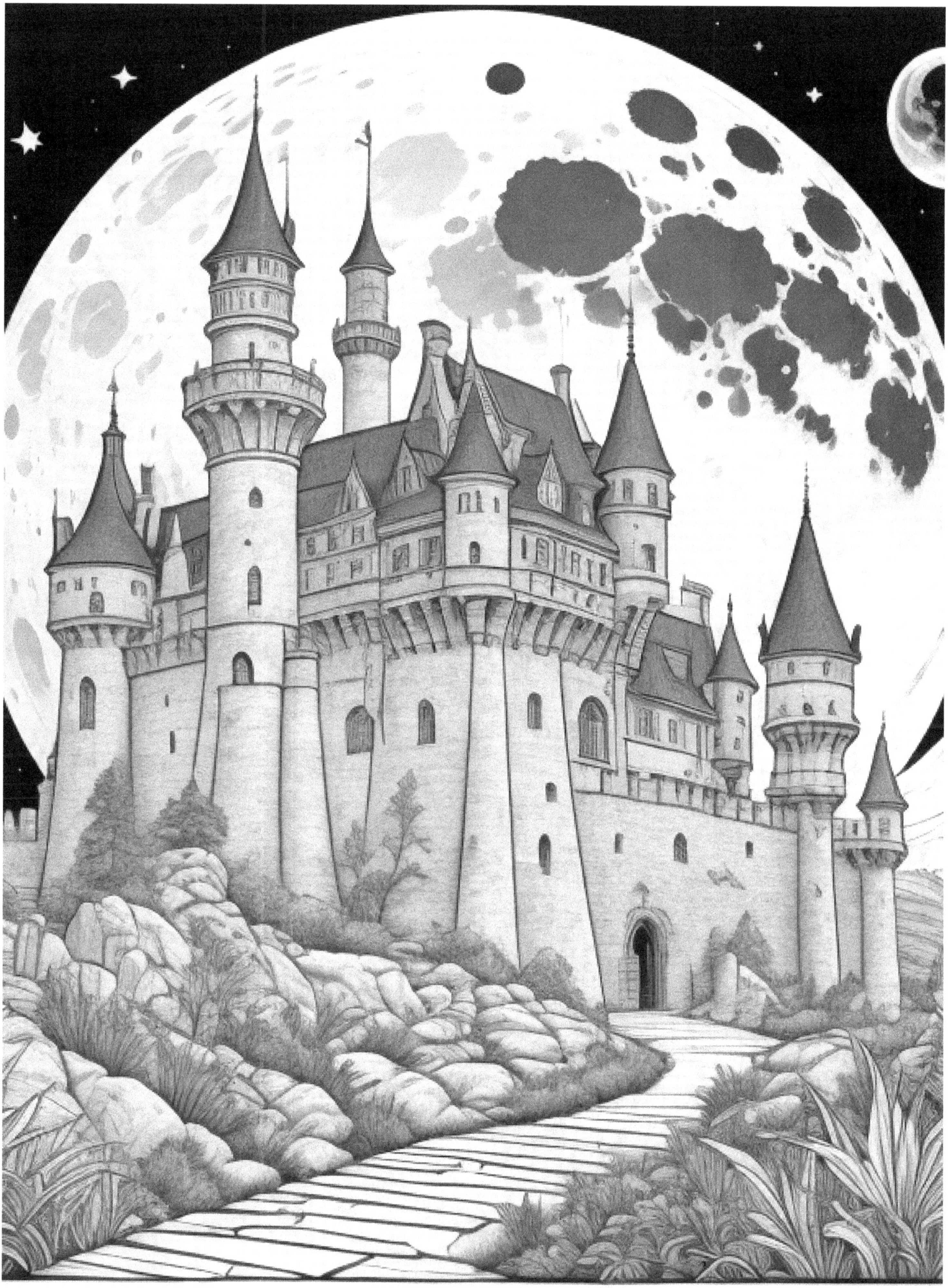

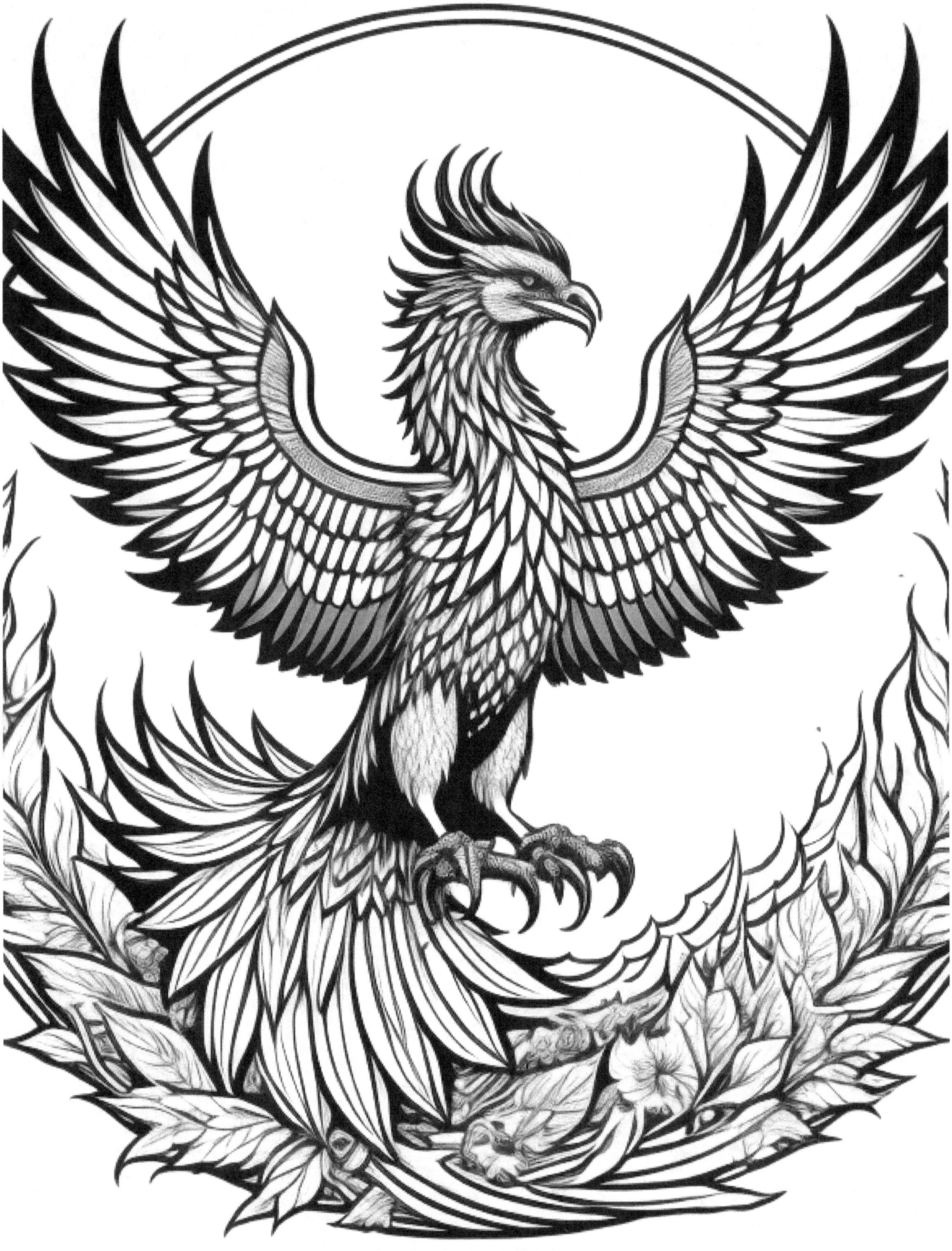

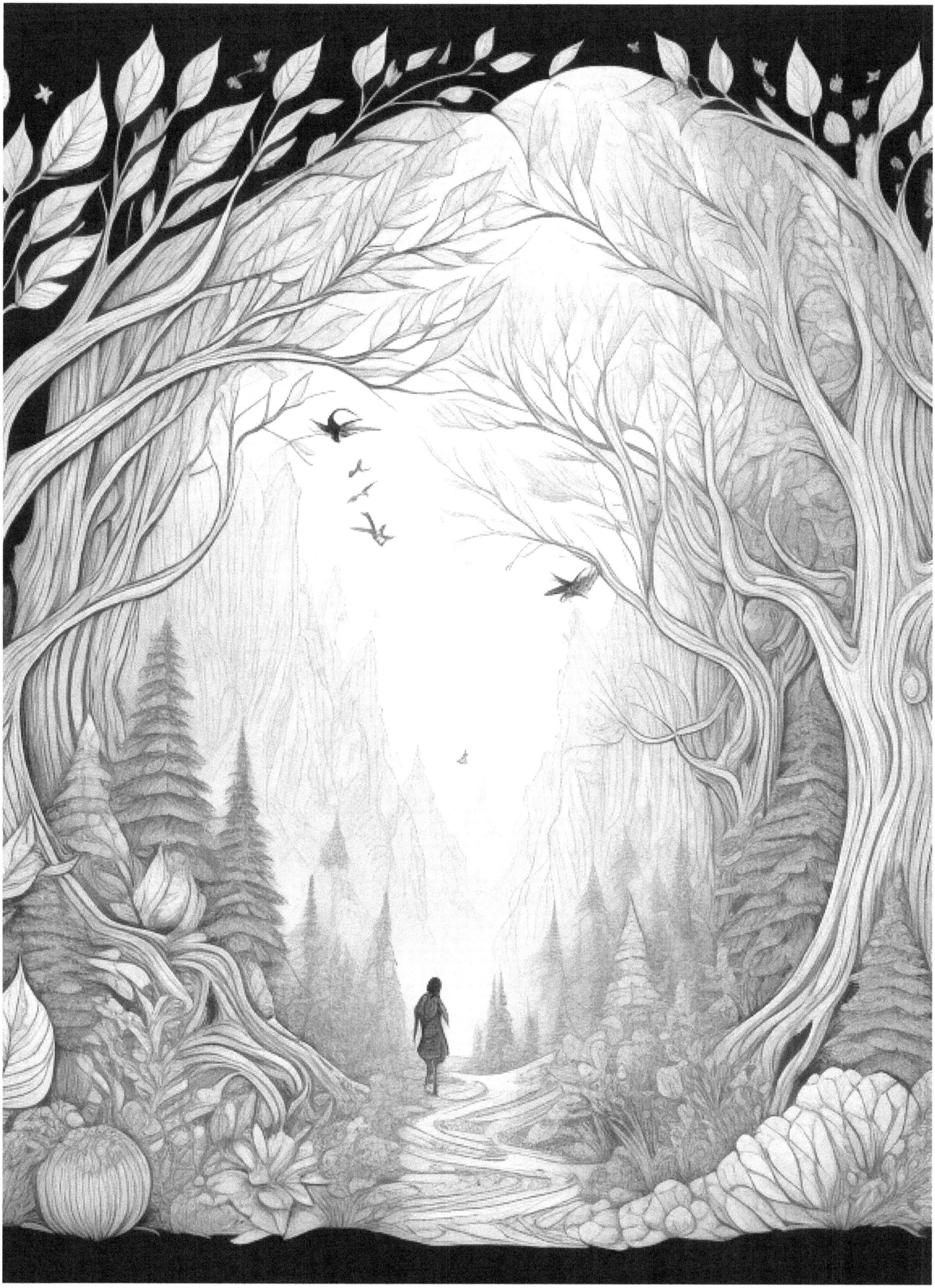

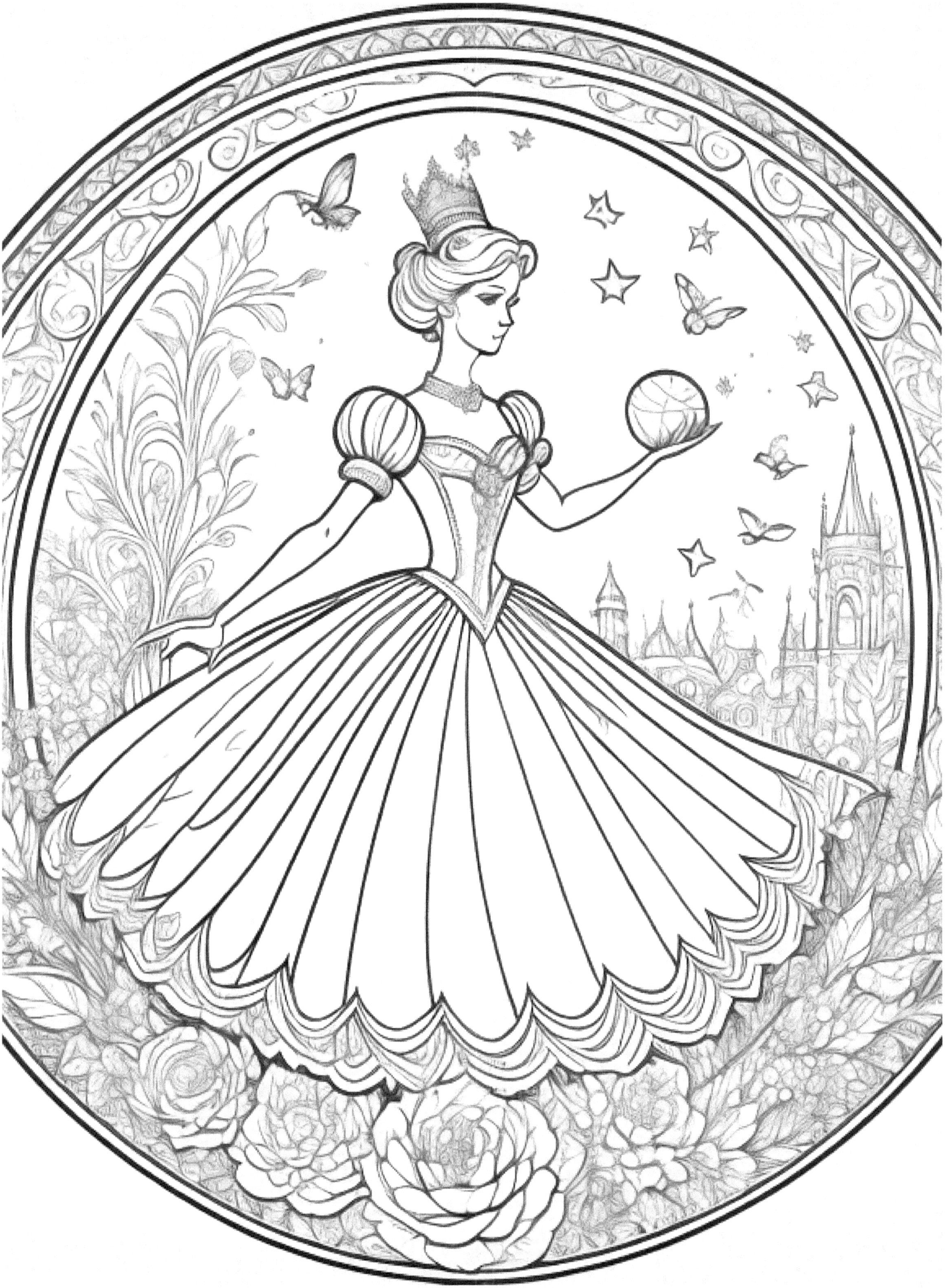

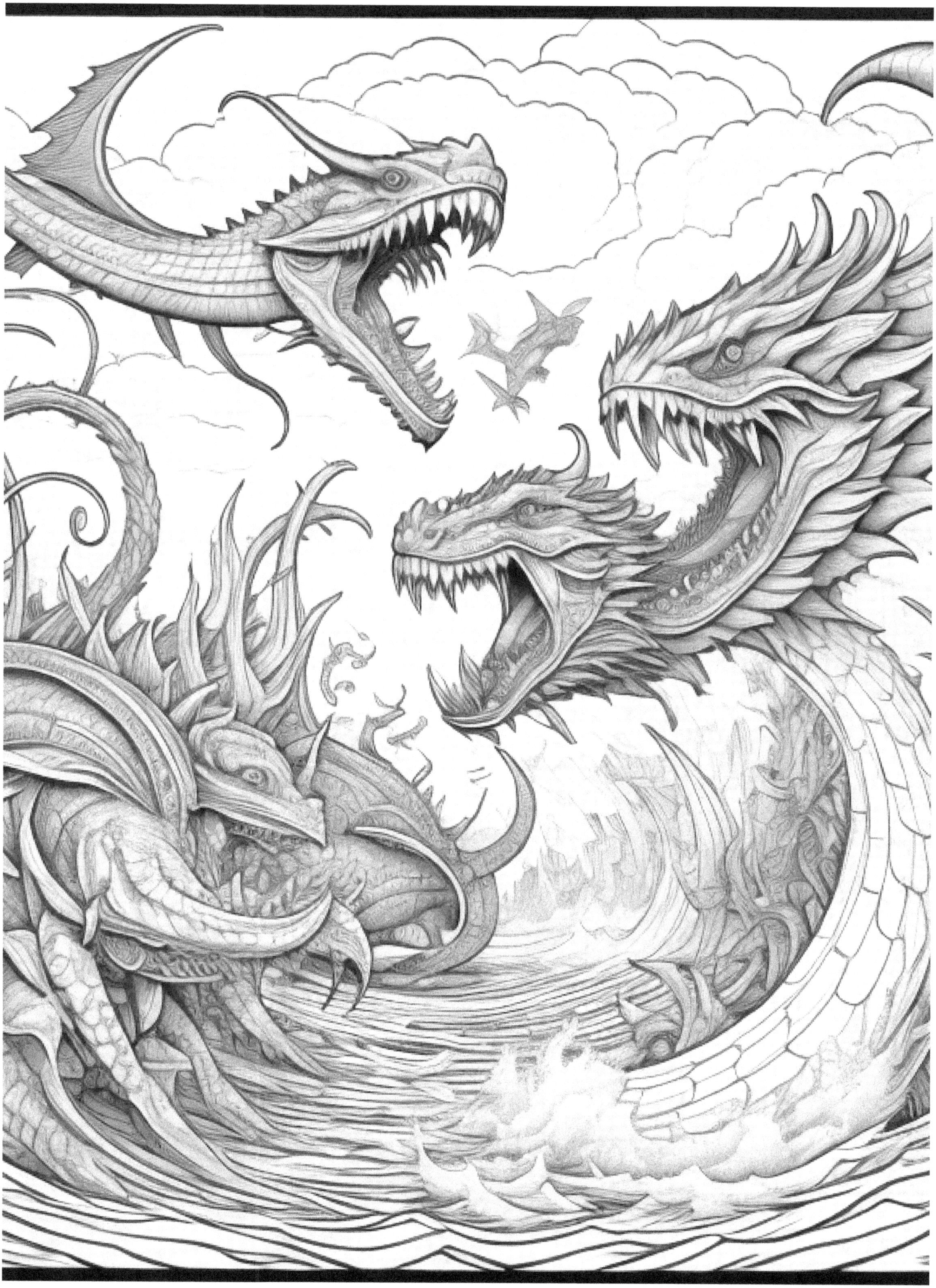

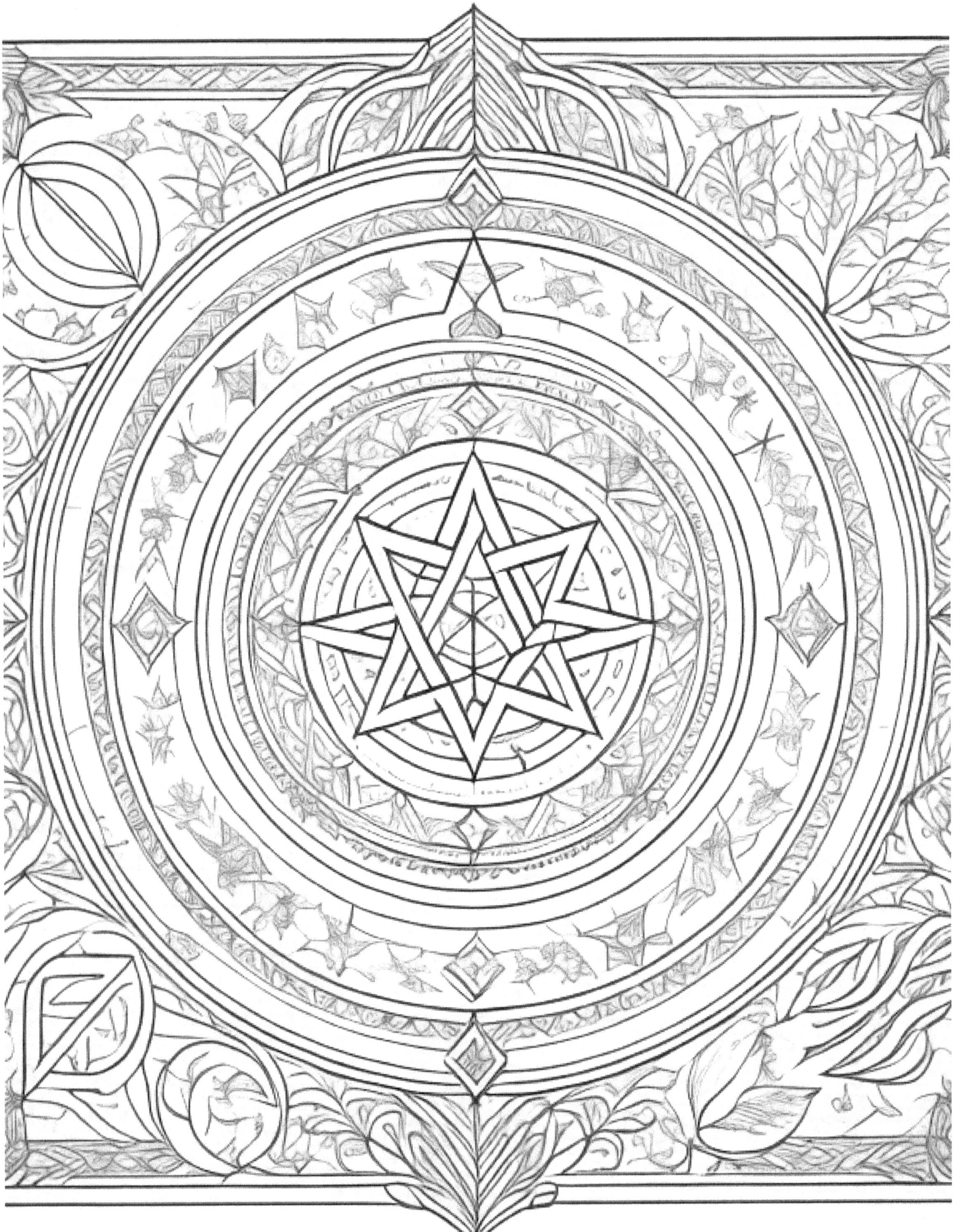

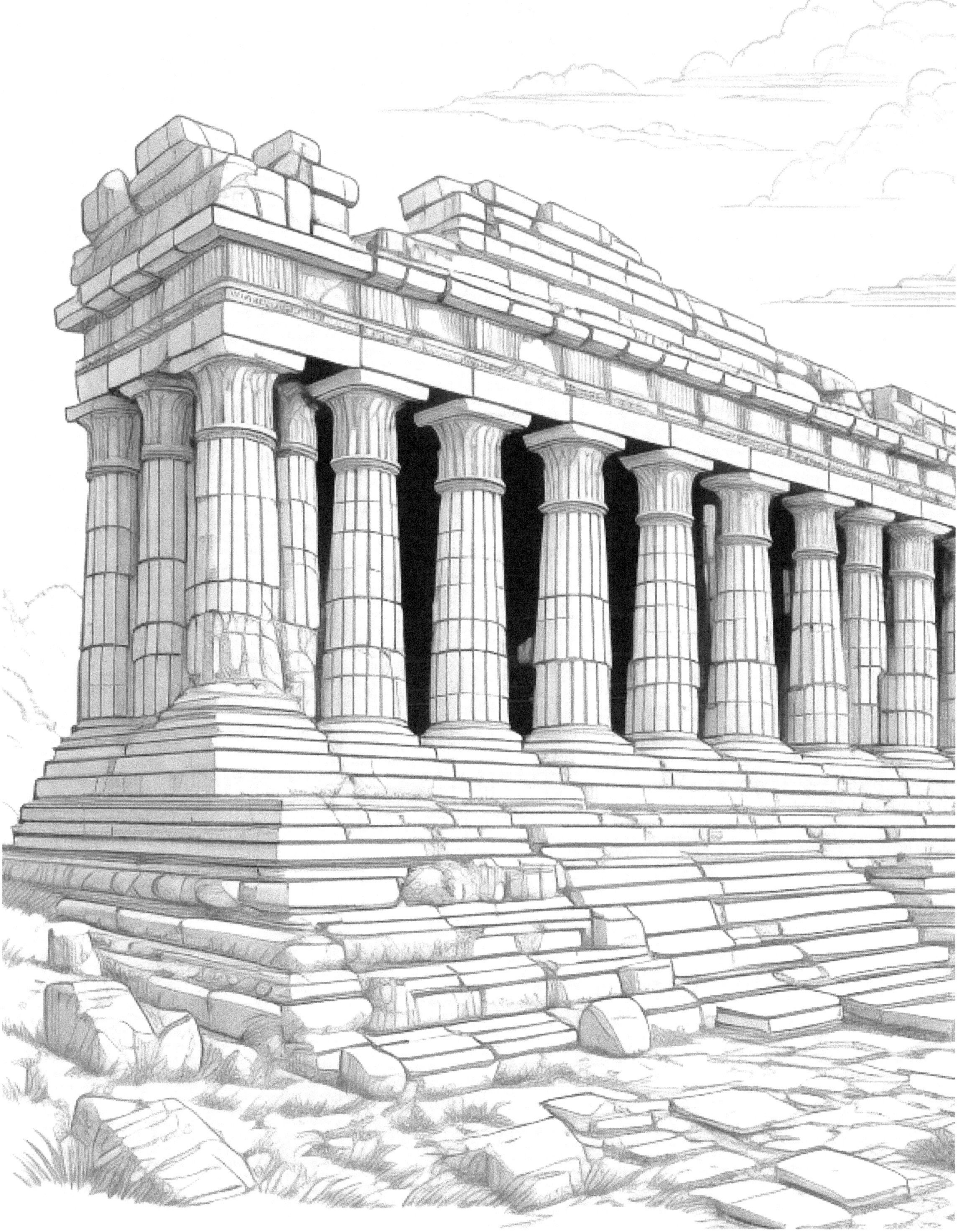

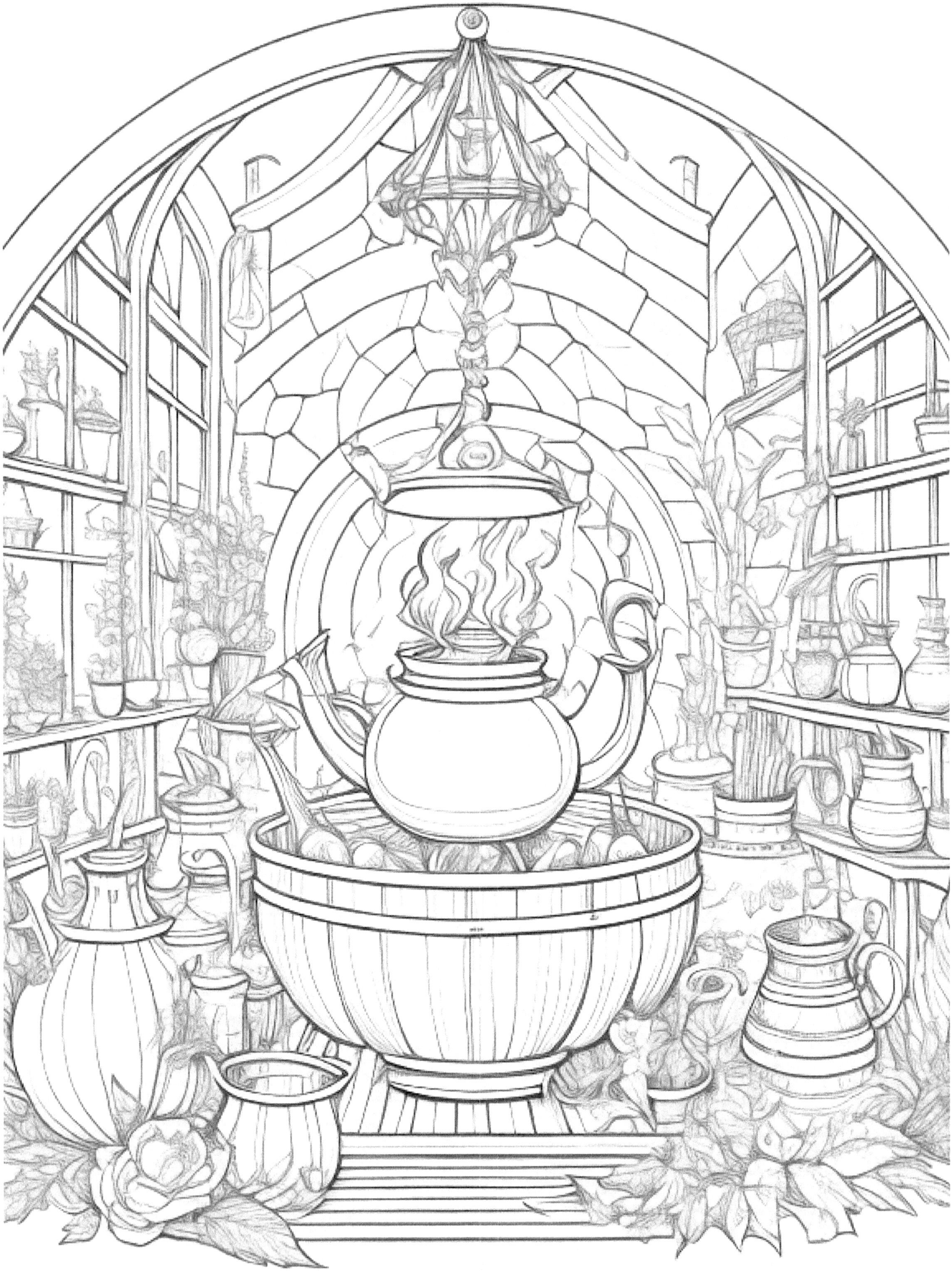

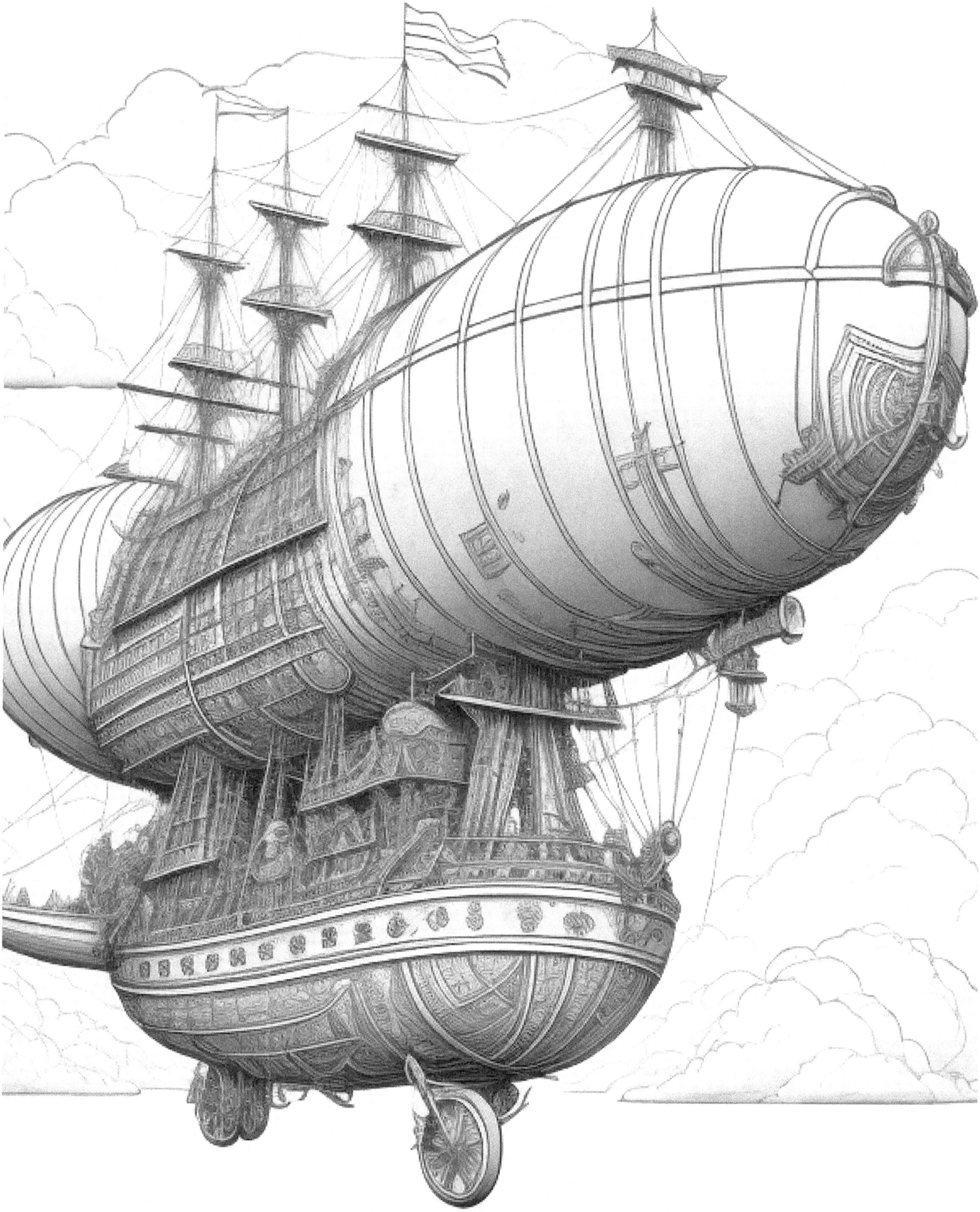

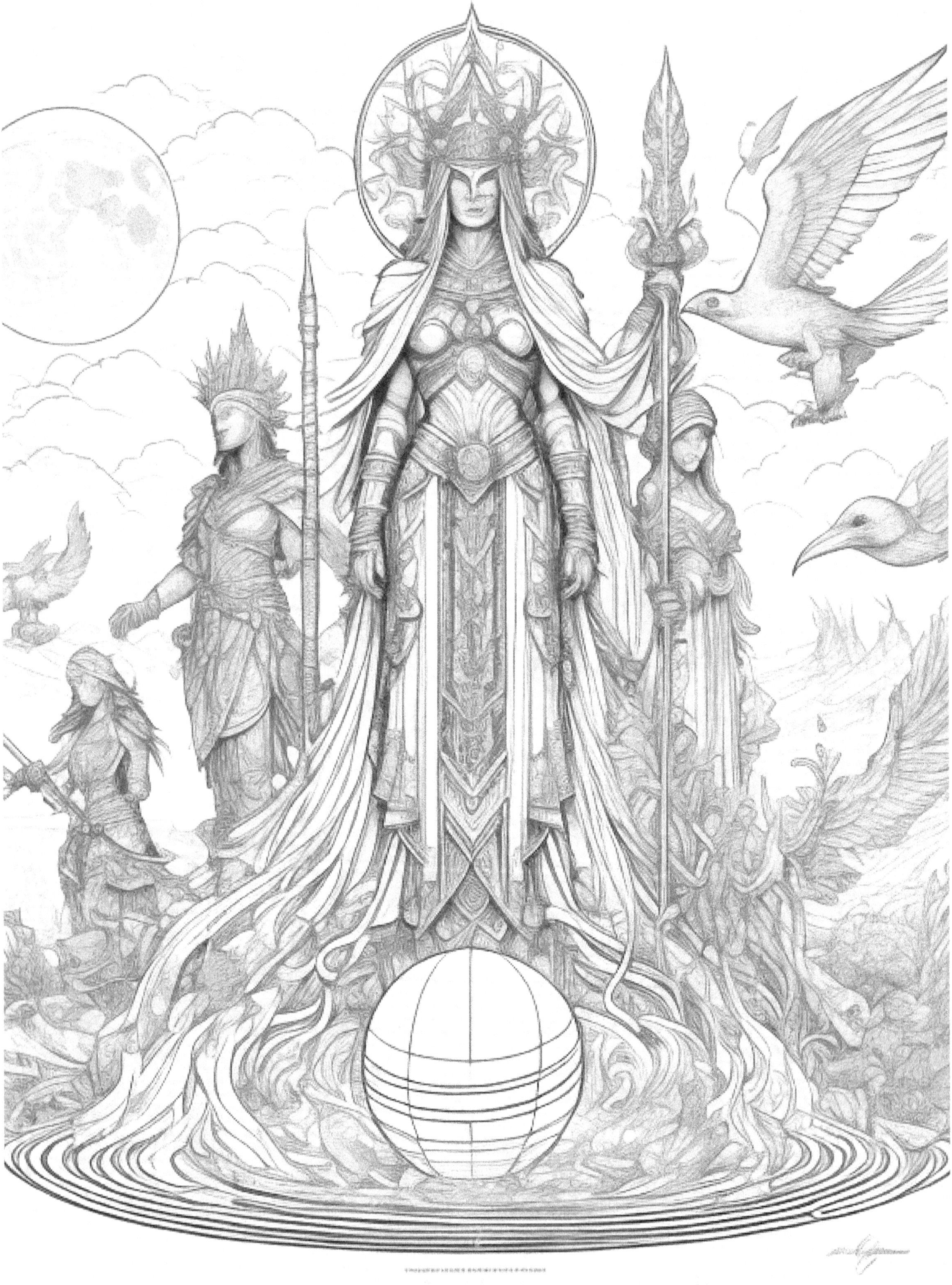

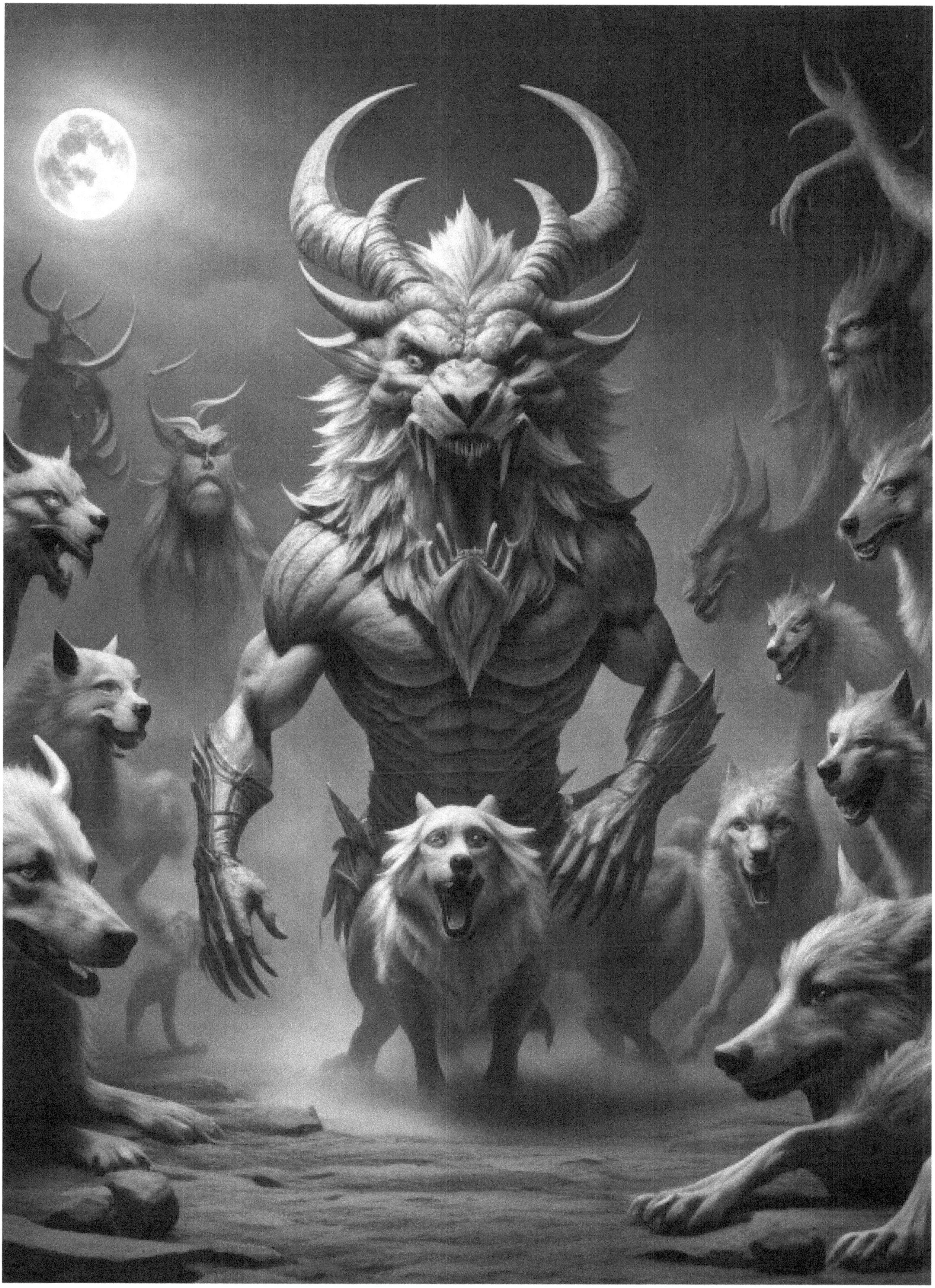

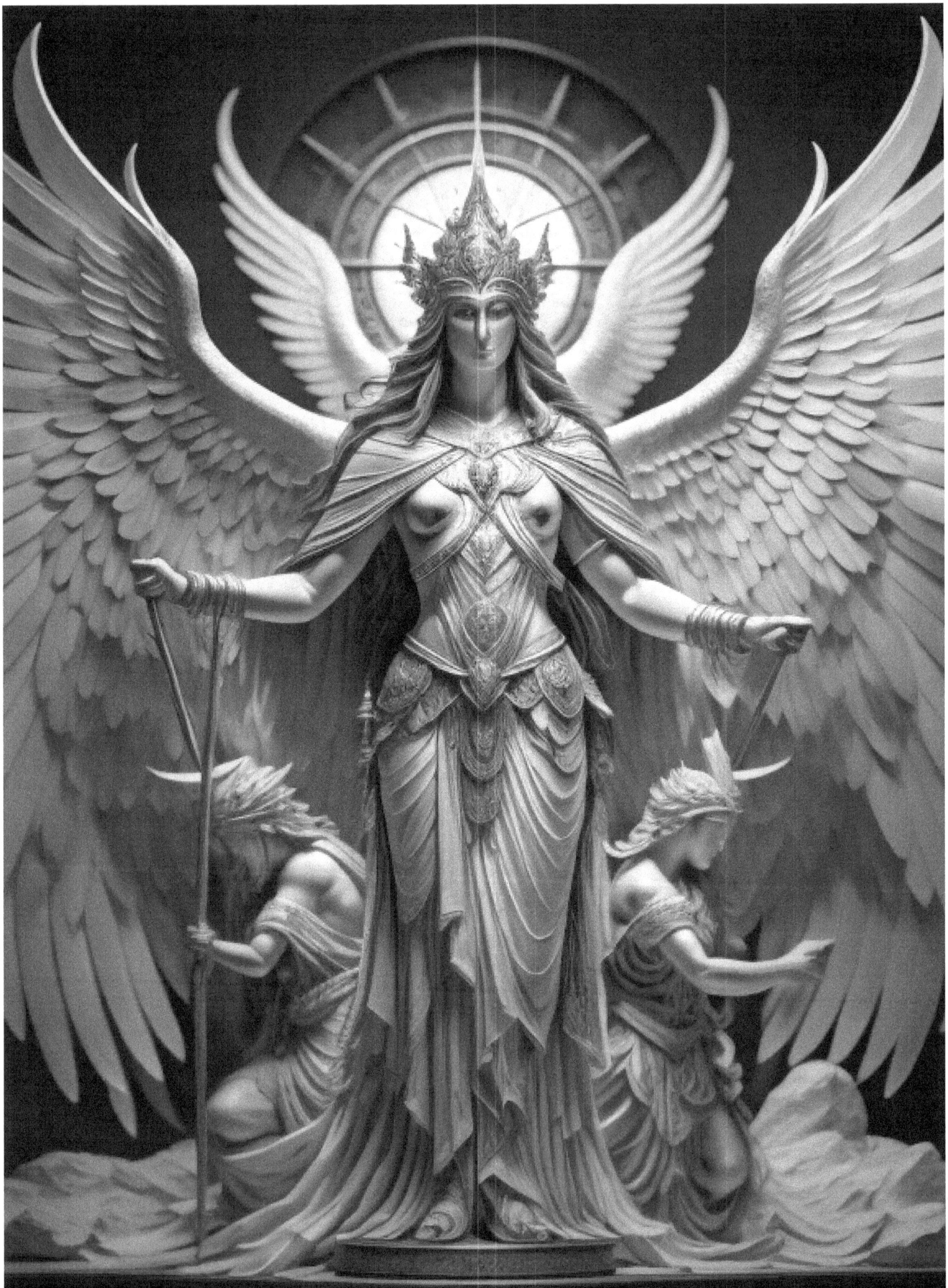

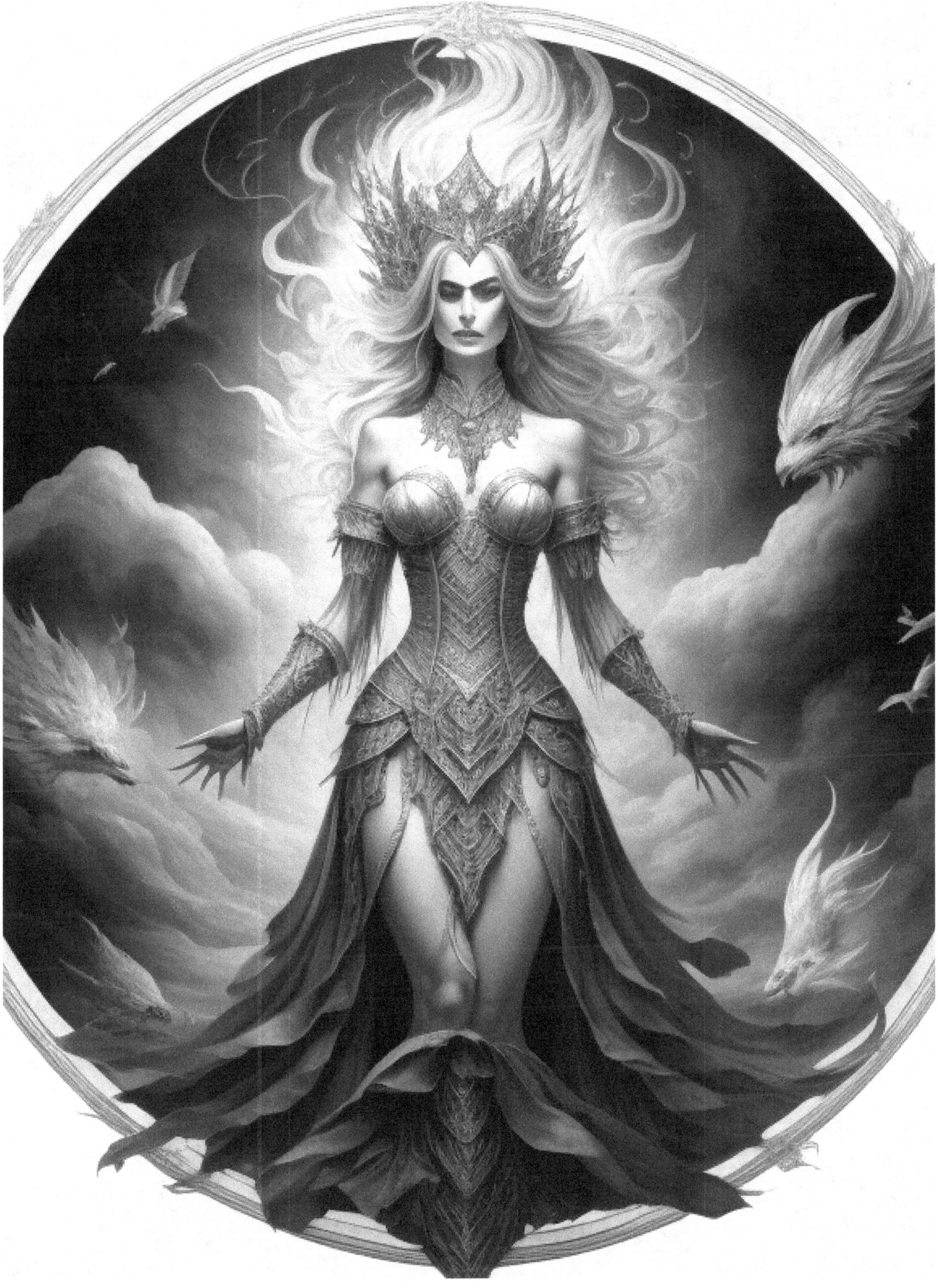

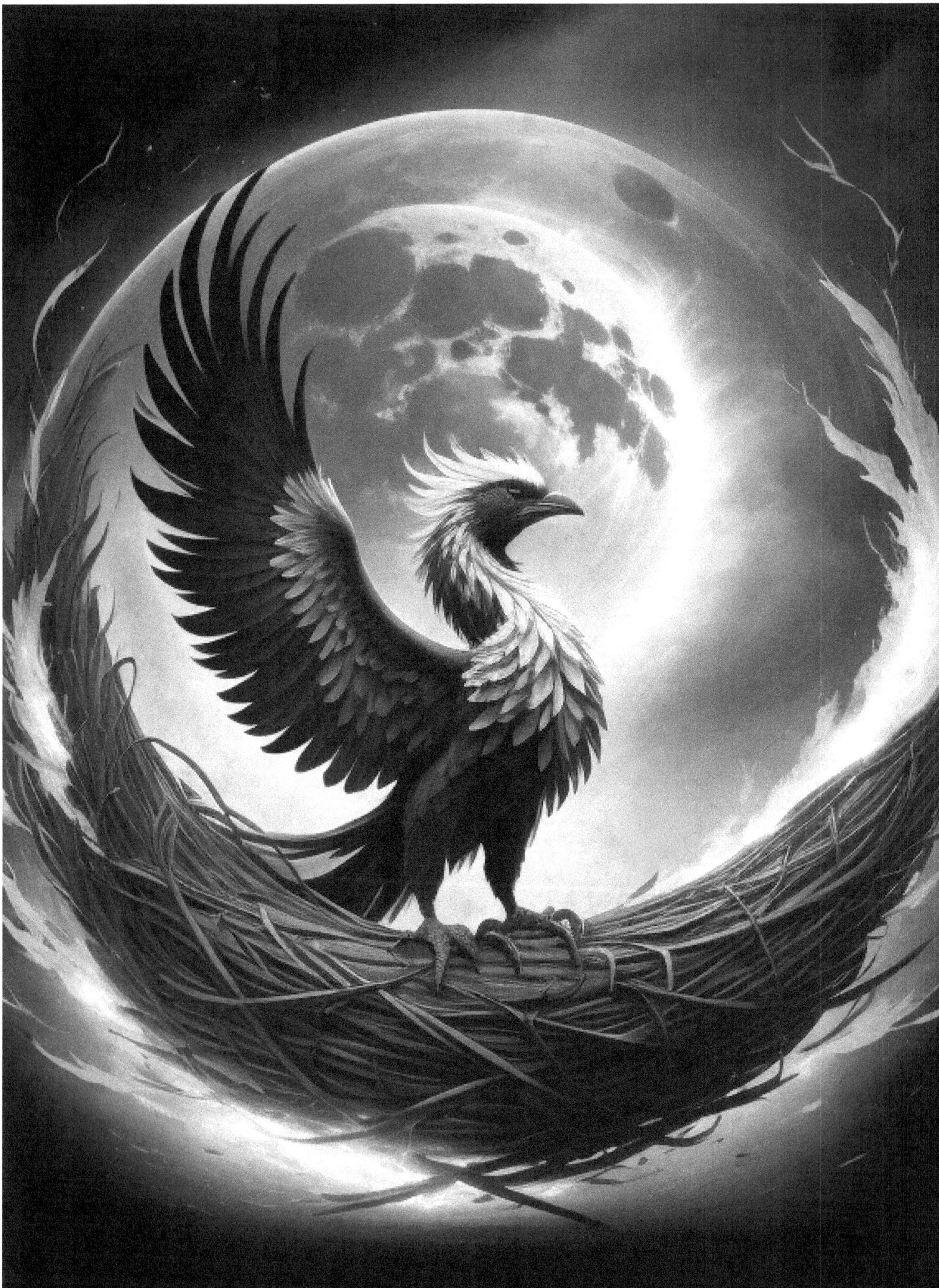

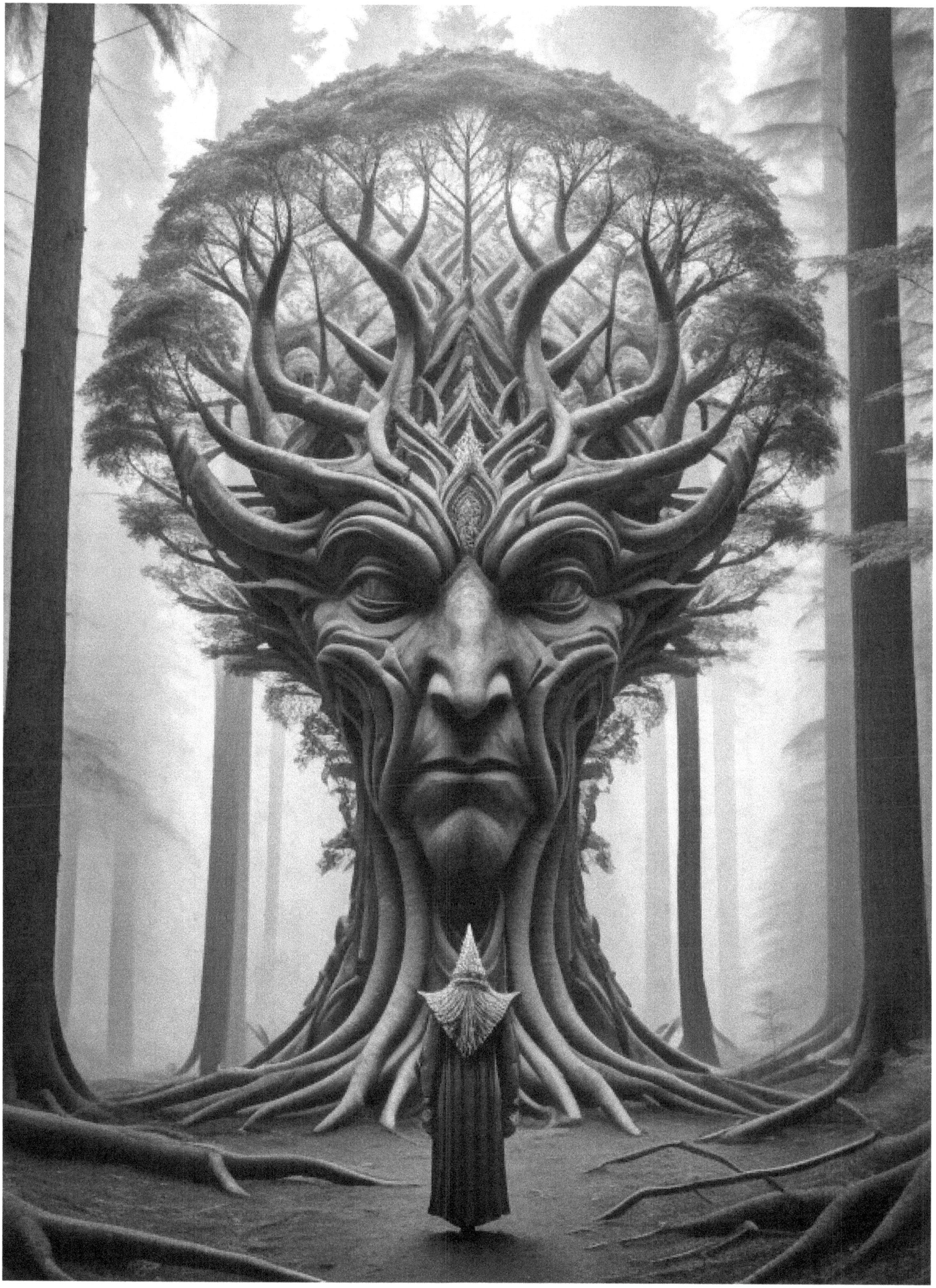

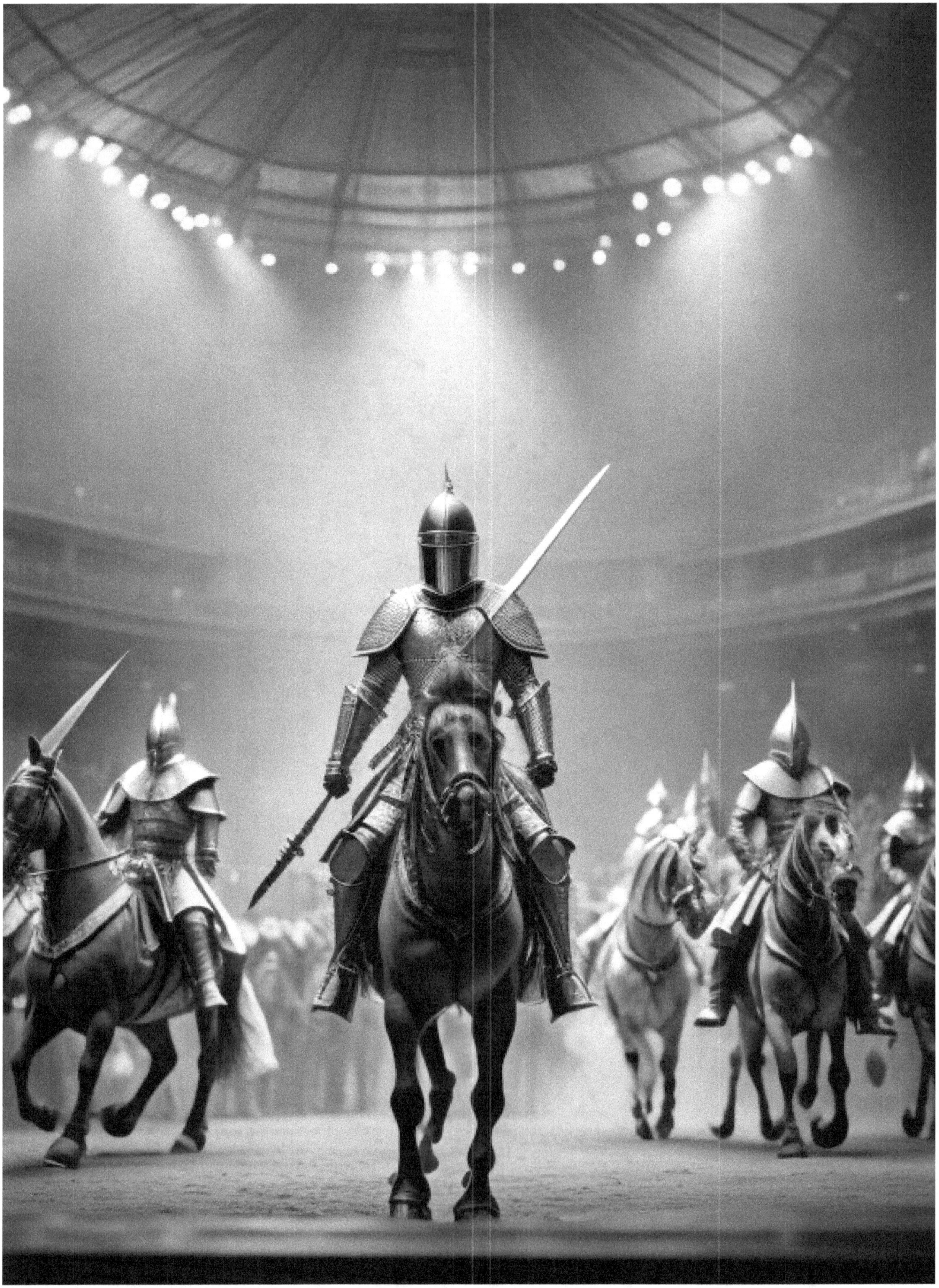

www.ingramcontent.com/pod-product-compliance
Lightning Source LLC
Chambersburg PA
CBHW080440220526
45465CB00009B/3368
* 9 7 9 8 8 5 0 1 9 3 6 6 9 *